SV

Wolf Singer

Vom Gehirn zum Bewußtsein

Suhrkamp

»Vom Gehirn zum Bewußtsein« erschien zuerst in: Norbert Elsner/Gerd Lüer (Hg.), *Das Gehirn und sein Geist*, Göttingen 2000, S. 189-204. Eine durchgesehene Fassung erschien in: Wolf Singer, *Der Beobachter im Gehirn. Essays zur Hirnforschung*, Frankfurt/M. 2002, suhrkamp taschenbuch wissenschaft 1571, S. 60-76. Für die vorliegende Ausgabe hat der Autor diese Fassung erneut durchgesehen, aktualisiert und korrigiert.

Bibliografische Information Der Deutschen Bibliothek
Die Deutsche Bibliothek verzeichnet diese Publikation in der Deutschen Nationalbibliografie
http://dnb.ddb.de

Erste Auflage 2006

Druck: Ebner & Spiegel, Ulm
Printed in Germany
Einband: Werner Zegarzewski
ISBN 3-518-06858-X
ISBN 978-3-518-06858-8

Vom Gehirn zum Bewußtsein

Vor etwa 130 Jahren sprach ein prominentes Mitglied der preußischen Akademie der Wissenschaften folgende Sätze:

Dies Neue, Unbegreifliche ist das Bewußtsein. Ich werde jetzt, wie ich glaube, in sehr zwingender Weise dartun, daß nicht allein bei dem heutigen Stand unserer Kenntnis das Bewußtsein aus seinen materiellen Bedingungen nicht erklärbar ist, was wohl jeder zugibt, sondern auch, daß es der Natur der Dinge nach aus diesen Bedingungen nie erklärbar sein wird. Welche denkbare Verbindung besteht zwischen bestimmten Bewegungen bestimmter Atome in meinem Gehirn einerseits, andererseits den für mich ursprünglich nicht weiter definierbaren, nicht wegzuleugnenden Tatsachen, ich fühle Schmerz, ich fühle Lust, ich fühle warm, ich fühle kalt, ich schmecke

Süßes, rieche Rosenduft, höre Orgelton, sehe Rot, und der ebenso unmittelbar schließenden Gewißheit, also bin ich. Es ist in keiner Weise einzusehen, wie aus ihrem [gemeint ist: der Atome] Zusammenwirken Bewußtsein entstehen könnte. Sollte ihre Lagerung und Bewegungsweise ihnen nicht gleichgültig sein, so müßte man sie nach Art der Monaden schon einzeln mit Bewußtsein ausgestattet denken. Weder wäre damit das Bewußtsein überhaupt erklärt, noch für die Erklärung des einheitlichen Bewußtseins das Mindeste gewonnen.

So Emil Du Bois-Reymond in seinem Vortrag über die Grenzen der Naturerkenntnis, den er 1872 auf der Tagung der Naturforscher und Ärzte gehalten hat. Emil Du Bois-Reymond war Mitglied der Preußischen Akademie der Wissenschaften, die jetzt die Berlin-Brandenburgische heißt. Er äußert, wie ich glaube, begründete und nachvollziehbare Zweifel im Hinblick auf die Möglichkeit einer reduktionistischen Erklärung mentaler Phänomene, unserer subjektiven Empfindungen, unserer Möglichkeit zur freien Entscheidung und unserer Erfahrung, ein autonomes Selbst zu sein, das zwar in einem biologisch begründeten Organismus residiert, von diesem aber als ontologisch verschieden empfunden wird. Diese mentalen Phänomene, so die über Jahrhunderte unveränderte Position, verschlössen sich einer reduktionistischen Erklärung im Rahmen naturwissenschaftlicher Beschreibungssysteme. Und je überzeugender die Beweise dafür werden, daß wir unser Dasein und unser Sosein einem kontinuierlichen evolutionären Prozeß verdanken, in dessen Verlauf es keinerlei Hinweise auf ontologische Sprünge gibt, um so zwingender wird natürlich die Notwendigkeit, sich erneut mit dem Phänomen der Emergenz mentaler Qualitäten auseinanderzusetzen. Da die Phänomene, die wir gemeinhin unter Bewußtsein subsumieren, unzweifelhaft auf kognitiven Funktionen unserer Gehirne beruhen, möchte ich das Phänomen des Bewußtseins im Lichte dessen erneut kommentieren, was wir heute über die Evolution unserer Gehirne und über deren Funktionsweise zu wissen glauben.

Ein epistemologisches Caveat

Bevor ich mich dem Gehirn als Objekt naturwissenschaftlicher Nachforschungen selbst zuwende, soll ein erkenntnistheoretisches Problem in Erinnerung gerufen werden, das alle angeht, aber jemandem, der Hirnforschung betreibt, besonders oft und eindringlich begegnet. Bei der Erforschung des Gehirns betrachtet sich ein kognitives System im Spiegel seiner selbst. Es verschmelzen also Erklärendes und das zu Erklärende. Und es stellt sich die Frage, inwieweit wir überhaupt in der Lage sind, das, was uns ausmacht, zu erkennen. Natürlich ist dies ein generelles Problem, dem sich alle stellen müssen, die Aussagen über die Natur der Dinge machen. Ist doch nur erkennbar, was unser kognitiver Apparat, unser Gehirn, zu denken, zu rekonstruieren und sich vorzustellen vermag. Betrachtet man die evolutionären Prozesse, die dieses Organ hervorgebracht haben, liegt der Schluß nahe, daß die während der Evolution wirksamen Selektionsmechanismen vermutlich nicht dazu angetan waren, kognitive Strukturen auszubilden, die für die Erfassung dessen optimiert sind, was hinter den Dingen möglicherweise sich verbirgt. Unser Gehirn ist einzig und allein an den funktionalen Kriterien gemessen worden, den Organismus, der es trägt, so lange am Leben zu erhalten, bis dieser sich reproduzieren kann, so zumindest die klassische Auffassung. Unsere kognitiven Funktionen sind deshalb an eine makroskopische Welt angepaßt, und nicht an die Welt, in der die Quantenmechanik relevant ist, oder an die Welt kosmischer Dimensionen. Bedeutsam ist für uns die Welt, die im Zentimeter- bis Meterraum sich ereignet, und vornehmste Aufgabe unseres kognitiven Systems ist es, Regelhaftigkeiten dieser Welt zu begreifen. Daher rühren denn auch die

Schwierigkeiten, die wir mit den Beschreibungen von Bedingungen haben, die uns von der Astro- und Quantenphysik geliefert wurden. Prozesse im Bereich von Nanometern und Lichtjahren sind zwar berechenbar, aber sie verwehren sich der Anschaulichkeit und widersprechen nicht selten unseren Primärerfahrungen. Wir betrachten diese Konstrukte, diese Weltbeschreibungen, als zutreffend, wenn sich die aus ihnen abgeleiteten Voraussagen durch Experimente, durch intersubjektiv vereinbarte Beobachtungsverfahren bestätigen lassen. Doch sind auch diese Beobachtungsstrategien von uns erdacht. Sie beruhen auf Verabredungen, deren Akzeptanz sich just aus den gleichen rationalen Beschreibungssystemen herleitet, die zur Erzeugung der zu testenden Hypothesen führte. Grundsätzlich unbeantwortbar erscheint somit die Frage, ob es jenseits des uns Zugänglichen noch Unergründbares gibt und wo die

Grenzen des Erkennbaren, wenn es sie gibt, liegen.

Evolution und Emergenz neuer Qualitäten

Ich möchte zunächst auf die Evolution unseres kognitiven Organs, des Gehirns, eingehen, dann an einigen Beispielen verdeutlichen, was wir heute über die funktionelle Organisation dieses Organs wissen, und zum Schluß noch kurz über die höchsten kognitiven Funktionen des Gehirns sprechen, die sich im Bewußt-Sein ausdrücken. Ich schicke voraus, um keine falschen Erwartungen zu wecken, daß ich der Überzeugung bin, daß diese höchsten Hervorbringungen unserer Gehirne, jene, die uns die Erfahrung vermitteln, autonome, selbstbestimmte Agenten zu sein, vermutlich kulturelle Konstrukte sind und deshalb der neurobiologischen Erklärung nicht direkt zugänglich.

Bei der Betrachtung der Evolution, und das gilt für Organismen und Organe gleichermaßen, also auch für die Evolution von Nervensystemen, fasziniert die Beständigkeit, mit der frühe Erfindungen über Jahrmillionen hinweg konserviert wurden. Nervenstrukturen, die bereits zu Beginn der Evolution von Nervennetzen, also schon von Invertebraten entwickelt wurden, finden sich nahezu unverändert in den Nervensystemen der spät hinzugekommenen Säugetiere wieder. Die charakteristischen Merkmale von Nervenzellen, die Ausbildung von Dendritenbäumen, über die sie Information von anderen Nervenzellen empfangen, und von Axonen, mit denen sie Kontakt zu nachgeschalteten Nervenzellen aufnehmen, diese Polarisierung in einen Empfänger- und Senderbereich ist seit Jahrmillionen unangetastet erhalten geblieben. Unverändert geblieben sind auch fast alle biochemischen Bestandteile dieser Zellen. Etwa 90% der Gene, die in menschlichen Nervenzellen exprimiert sind, finden sich, abgesehen von kleinen, funktionell wenig relevanten Modifikationen, auch schon in Nervenzellen von Schnecken. Was in diesen Weichtieren über zelluläre Eigenschaften zu lernen ist, läßt sich in der Regel direkt auf höhere Säuger und den Menschen übertragen.

Konserviert sind erstaunlicherweise auch bis ins Detail die chemischen Überträgersubstanzen, über welche Nervenzellen miteinander kommunizieren. In den Synapsen, den Kontakten zwischen Nervenzellen, wird durch Freisetzung einer chemischen Überträgersubstanz die elektrische Aktivität der sendenden Zelle in ein chemisches Signal umgesetzt, das dann seinerseits über Rezeptoren und gekoppelte Ionenkanäle in der nachgeschalteten Zelle wiederum elektrische Potentiale erzeugt. Es gibt fast keine Überträgersubstanzen im Säugetiergehirn, die nicht auch schon in einfachen Organismen, wie Insekten und Schnecken, zu finden wären.

Konserviert worden ist auch der allgemeine Bauplan von Gehirnen, vor allem der von Chordaten, also jenen Spezies, die über ein Rückenmark verfügen. Bei allen Gehirnen, ob von Fischen, Reptilien oder Säugern, läßt sich die gleiche Unterteilung in Vorderhirn, Riechhirn, Zwischenhirn, Mittelhirn, Kleinhirn und Hirnstamm vornehmen. Diese Unterteilungen ergeben sich aufgrund der Konnektivität der verschiedenen Zentren und der regionalen Expressionsmuster hirnspezifischer Gene. Besonders auffällig sind diese Ähnlichkeiten natürlich zwischen den Gehirnen von Säugetieren. Die hochentwickelten Gehirne von Primaten unterscheiden sich von den Gehirnen anderer Säuger vornehmlich durch die enorme Volumenzunahme der Großhirnrinde. Es ist jedoch keineswegs so, daß wir Menschen das größte Gehirn besitzen; Größe ist notwendige, aber nicht hinreichende Voraussetzung für Komplexität und Leistung; es kommt auch und vor allem auf die Verschaltung der Nervenzellen an. Dennoch gilt, daß all die kognitiven Eigenschaften, die Säugetiere voneinander und den Menschen von diesen unterscheiden, einzig und allein auf einer Volumenzunahme der Großhirnrinde, auf einer Vermehrung von Hirnrindenarealen, beruhen. Außer diesem quantitativen Unterschied läßt sich keine wesentliche Veränderung im Aufbau der verschiedenen Gehirne ausmachen.

Bei der Großhirnrinde handelt es sich um eine etwa zwei Millimeter dünne gefaltete Schicht von dicht gepackten Nervenzellen, die gemeinhin als graue Substanz bezeichnet wird, im Gegensatz zu der darunterliegenden weißen Substanz, die aus Leitungsbahnen besteht. In einem Kubikmillimeter Hirnrinde drängen sich etwa vierzigtausend Nervenzellen, die untereinander aufs innigste in Verbindung stehen. Eine Nervenzelle kontaktiert etwa zwanzigtausend andere und empfängt von ebenso vielen ihre Eingangssignale. Dabei kommunizieren sowohl Nervenzellen miteinander, die in unmittelbarer Nachbarschaft angeordnet sind, als auch Zellen, die weit entfernt in verschiedenen Hirnstrukturen liegen. Über Einzelheiten dieser Verbindungsarchitekturen wird noch zu sprechen sein.

Die Evolution höherer kognitiver Leistungen scheint also ganz vorwiegend auf der Vergrößerung dieses dünnen Mantels von Hirnrindenzellen zu beruhen. Bestechend ist dabei, daß diese Struktur im Laufe der Evolution ihre interne Organisation nahezu unverändert beibehalten hat. Die Großhirnrinde der Maus ist von der des Menschen kaum zu unterscheiden. Dies hat wichtige Implikationen für die Beurteilung der Mechanismen, auf welchen die Evolution neuer Funktionen beruht. Anders als in technischen Systemen ist im Gehirn keine Trennung zwischen Hard- und Software möglich. Im Gehirn wird das Programm für Funktionsabläufe ausschließlich durch die Verschaltungsmuster der Nervenzellen festgelegt. Die Netzstruktur ist das Programm. Die Algorithmen, nach denen die Großhirnrinde arbeitet, haben sich somit im Laufe der Evolution kaum verändert. Es sind lediglich mehr Areale hinzugekommen. Dies bedeutet, erstens, daß die von der Großhirnrinde erbrachten Verarbeitungsleistungen sehr allgemeiner Natur sein müssen und, zweitens, daß die Iteration ebendieser im Prinzip gleichen Prozesse neue, qualitativ verschiedene Funktionen hervorbringen kann.

Die Hirnrinde läßt sich aufgrund anatomischer und funktioneller Kriterien in Regionen einteilen. Im occipitalen, parietalen und temporalen Bereich liegen Areale, die sich mit der Verarbeitung visueller, akustischer und taktiler Signale befassen, und wenn es sich um die sprachdominante Hirnhälfte handelt, liegen hier auch Areale, die sich mit der sensorischen Verarbeitung von Sprachmaterial befassen. In frontalen Rindenfeldern werden Bewegungsprogramme erstellt, und in der dominanten Hemisphäre wird hier zusätzlich die Sprachproduktion verwaltet. Schließlich sind da die stammesgeschichtlich relativ rezenten praefrontalen Areale, die für die Handlungsplanung und vermutlich auch für die Einbindung in soziale Gefüge zuständig sind. Hier findet sich auch der Kurzzeitspeicher, der es uns ermöglicht, Reaktionen auf Reize aufzuschieben und Handlungsentwürfe gegeneinander abzuwägen.

Das Bestechende an dieser funktionellen Unterteilung ist, daß die interne Struktur der verschiedenen Hirnrindenareale praktisch identisch ist, obgleich sie doch offensichtlich ganz verschiedene Funktionen wahrnehmen.

Nur der Spezialist ist in der Lage, ein histologisches Präparat, das von der Sehrinde entnommen wurde, von einem zu unterscheiden, das von der Sprachregion stammt. Es gibt feine Unterschiede, aber die generelle Organisation, die Verschaltung, ist nahezu identisch. Dies legt die Schlußfolgerung nahe, daß in der Hirnrinde ein Verarbeitungsalgorithmus realisiert wird, der zur Behandlung unterschiedlichster Inhalte taugt und dessen Iteration alleine offenbar zu immer höheren kognitiven Leistungen führen kann.

Welches nun sind die Leistungen, die in der Hirnrinde erbracht werden, oder allgemeiner gefragt, welches sind die grundlegenden Funktionsprinzipien, nach denen Gehirne organisiert sind?

Das Bindungsproblem

Bis vor kurzem, und wohl schon seit geraumer Zeit, sind Fachleute wie Laien gleichermaßen, der Intuition folgend, davon ausgegangen, daß irgendwo im Gehirn ein Konvergenzzentrum existieren müsse, wo alle Signale, die über die Sinnesorgane gesammelt werden, konvergieren, um dort einer einheitlichen Interpretation zugeführt zu werden. Es wäre dies dann auch der Ort, wo Handlungsentwürfe erarbeitet und Entscheidungen gefällt werden; und für die, welche dualistische Positionen bevorzugen, wäre dies auch der Ort, wo der mit mentalen Eigenschaften ausgestattete Homunkulus wirkt, der über alle Hirnfunktionen wacht und koordinierend tätig ist. Aber selbst wer monistischen Positionen zuneigt, ist versucht, wenn er seiner Intuition folgt, ein hierarchisches oder pyramidales Ordnungsprinzip zu postulieren – ganz so, wie es Descartes natürlich und unvermeidlich schien. Nun hat uns die moderne Neurobiologie belehrt, daß wir alle, Descartes eingeschlossen, irrten, daß die tatsächliche Organisation des Nervensystems auf dramatische Weise verschieden ist.

Es trifft zwar immer noch zu, und ich will dies am Beispiel des Sehsystems illustrieren, daß die ersten Schritte der Informationsverarbeitung dem seriellen Prinzip folgen. Licht wird im Auge durch Photorezeptoren in neuronale Aktivität umgewandelt, und diese elektrischen Signale gelangen über Fasersysteme zum Thalamus und dann zur primären Sehrinde. Ab dann aber dominiert das Prinzip der Parallelverarbeitung. Die Verarbeitungswege verzweigen sich auf zahlreiche, oft parallel angeordnete Areale, die fast alle reziprok miteinander verbunden sind. Auch imponiert die Fülle von Rückkopplungsbahnen. Es existiert kaum eine Vorwärtsverbindung, die nicht von einer quantitativ mächtigeren Rückwärtsverbindung parallelisiert wird.

Zudem haben wir inzwischen gelernt, daß in all diesen Arealen ganz unterschiedliche Aspekte der Sehwelt abgearbeitet werden. In Arealen des sogenannten dorsalen Verarbeitungsweges, der vorwiegend Regionen des Parietallappens einschließt, werden hauptsächlich Signale über die Bewegung und die Lokalisation von Objekten im Raum verarbeitet. Hier wird auch die Form von Objekten analysiert, aber nur bezüglich der Parameter, die für die Programmierung von Greifbewegungen relevant sind. Die Areale dagegen, die den ventralen Pfad ausmachen und im Temporallappen liegen, führen Analysen aus, die für die Objektidentifikation unerläßlich sind. Vergebens sucht man jedoch nach Konvergenzzentren, die am Ende der Verarbeitungswege liegen könnten. Areale im Frontallappen, die bei isolierter Betrachtung des visuellen Systems als mögliche Konvergenzzentren in Erscheinung treten, befassen sich lediglich mit der Kontrolle der Aufmerksamkeit und sorgen dafür, daß wir unsere Augen und unseren Kopf den interessanten Objekten zuwenden, nachdem die vielen anderen Areale in einem kompetitiven Abstimmungsprozeß entschieden haben, was interessant ist. Wenn jedoch die anderen Sinnessysteme und die motorischen Zentren in das Verbindungsdiagramm miteinbezogen werden, ergibt sich eine Netzwerkarchitektur, die jeden Hinweis auf eine pyramidale Organisation mit einem Konvergenzzentrum an der Spitze vermissen läßt. Man sieht sich vielmehr einem hoch distributiv und parallel organisierten System gegenüber, das auf außerordentlich komplexe Weise reziprok vernetzt ist. Und dies wirft die kritische Frage auf, wie diese vielen gleichzeitig ablaufenden Verarbeitungsprozesse so koordiniert werden können, daß kohärente

Interpretationen der Welt erstellt, sinnvolle Entscheidungen getroffen und gezielte Handlungsentwürfe programmiert werden können. Es gibt hier keinen Agenten, der interpretiert, kontrolliert und befiehlt. Koordiniertes Verhalten und kohärente Wahrnehmung müssen als emergente Qualitäten oder Leistungen eines Selbstorganisationsprozesses verstanden werden, der alle diese eng vernetzten Zentren gleichermaßen einbezieht. Zu klären, wie diese Koordination erfolgt, ist eine der großen Herausforderungen, mit denen sich die Neurobiologie im Augenblick beschäftigt. Wir bezeichnen dieses Problem als das Bindungsproblem. Ich will hier nicht ins Detail gehen, weil ich 1999 in einer Spezialausgabe der Zeitschrift *Neuron* über dieses Problem ausführlich berichtet habe. (Singer 1999a)

Die Struktur von Bindungsproblemen, die in solch distributiv organisierten Systemen gelöst werden müssen, läßt sich auch an scheinbar einfachen Wahrnehmungsakten veranschaulichen. Wenn man eine beliebige Szene betrachtet und sich dabei vergegenwärtigt, daß diese auf der Netzhaut lediglich eine zweidimensionale Helligkeitsverteilung erzeugt, wird deutlich, welch immense Leistung das Sehsystem erbringen muß, um die in der Szene enthaltenen Figuren vom Hintergrund abzugrenzen und zu identifizieren.

Unsere Sehzentren müssen von den vielen Konturen und Helligkeitsunterschieden jene herausfinden, die konstitutiv für eine bestimmte Figur sind, diese perzeptuell binden und dann gemeinsam interpretieren. Es muß also wieder ein Bindungsproblem gelöst werden. Würde dieses Bindungsproblem falsch gelöst, würden z.B. die Konturen von Objekten mit Konturen des Hintergrundes verbunden, wäre es natürlich unmöglich, die Objekte zu erkennen. Die Segmentierung muß folglich dem Erkennungsprozeß vorausgehen. Erst nachdem richtig segmentiert wurde, kann erkannt werden. Dies bedeutet aber, daß der Segmentierungsprozeß sehr allgemeinen Regeln folgen muß, die auf beliebige Szenen gleichermaßen angewandt werden können. Wir gehen heute davon aus, daß die Regeln, denen solche Segmentierungsleistungen gehorchen, zum großen Teil angeboren sind, also auf Wissen beruhen, das im Laufe der Evolution erworben und in den Genen gespeichert wurde; Wissen über zweckmäßige Gruppierungen, das sich in genetisch determinierten Verschaltungsmustern ausdrückt, die ihrerseits das Programm für die Gruppierungsoperationen darstellen. Gruppierungsregeln können natürlich auch gelernt werden, und dies dürfte vor allem für solche zutreffen, die auf komplexen Gestaltkriterien beruhen. Auch dieses durch Erfahrung erworbene Wissen muß aber letztlich über Änderungen der funktionellen Koppelung von Neuronen abgespeichert werden. Hierbei spielen vor allem Prägungsprozesse eine wichtige Rolle, die während der postnatalen Entwicklung des Gehirns nachhaltige Modifikationen der genetisch vorgegebenen Verschaltungsarchitekturen bewirken.

Lösungsvorschläge

Wie sollen wir uns die Realisierung solcher Bindungsoperationen im Gehirn vorstellen? Wieder ist da das klassische Konzept, das unsere Forschung über Dekaden hinweg motiviert hat und das aus methodischen und konzeptionellen Gründen am nächsten lag. Man postulierte hierarchisch aufgebaute Verarbeitungsstrukturen, in denen die Bindung von Merkmalen über die Konvergenz von anatomischen Bahnen auf spezielle Bindungsneurone erreicht werden sollte. Und einige Befunde sprachen auch für diese Annahme. In der Peripherie des Systems dominieren Nervenzellen, die selektiv auf elementare Merkmale ansprechen, senkrechte oder horizontale Konturen, einfache Texturen und Farbkontraste. Hubel und Wiesel wurden mit dem Nobelpreis bedacht, nachdem sie vor inzwischen fast 30 Jahren entdeckt hatten, daß

Nervenzellen in der primären Sehrinde, also auf einer sehr frühen Verarbeitungsstufe, selektiv auf elementare Merkmale von Konturen ansprechen, wie etwa deren Orientierung. Wenn ein Lichtbalken geringfügig von der Vorzugsorientierung des rezeptiven Feldes abweicht, verstummt die Zelle. Diese Beobachtung legte nahe, daß die Zellen als Merkmalsdetektoren arbeiten und die Orientierung einer Kante signalisieren. Folgerichtig haben sich die Neurophysiologen dann zu höheren Verarbeitungsstrukturen vorangetastet. In Arealen, die zum ventralen Pfad gehören, dem Verarbeitungsweg, dem die Objektidentifikation obliegt, fanden sich in der Tat Nervenzellen, die auf komplexere Konstellationen von Merkmalen ansprechen; und dies nährte die Vermutung, daß es auch Zellen geben würde, die selektiv auf reale Objekte der Sehwelt reagieren.

Doch die Suche war vergebens. Es fanden

sich keine Nervenzellen, die selektiv nur auf bestimmte reale Objekte ansprechen, nicht einmal auf Objekte, die den Tieren bekannt und für sie wichtig sind, wie etwa Früchte. Theoretiker hatten überdies darauf hingewiesen, daß dies auch nicht zu erwarten sei. Computerwissenschaftler hatten versucht, auf der Basis solcher konvergenter Architekturen musterkennende Maschinen zu entwickeln, und mußten erkennen, daß Merkmalsbindung über Konvergenz alleine nicht zu realisieren ist. Wir können bekannte Objekte auch dann wiedererkennen, wenn sie im Raum gedreht sind. Dies führt jedesmal zu völlig anderen Merkmalskonstellationen. Man bräuchte also für jedes Objekt einen ganzen Satz von Bindungsneuronen, die sich auf die verschiedenen Ansichten eines bestimmten Objekts spezialisiert haben. Es bedürfte also einer viel zu großen Zahl von Nervenzellen, wollte man für jedes erkennbare und unterscheidbare Objekt Bindungsneurone einrichten. Ferner bräuchte man ein riesiges Reservoir von vorgefertigten Neuronen, um dem Umstand Rechnung zu tragen, daß wir neue Objekte sofort repräsentieren können, sobald wir sie gesehen haben. Letzteres scheint prinzipiell unmöglich.

Es wurden deshalb alternative Hypothesen erdacht. Eine, die derzeit favorisiert wird und auch experimentellen Überprüfungen zugänglich ist, geht davon aus, daß die Repräsentation von Inhalten nicht über einzelne hochspezialisierte Nervenzellen erfolgt, sondern über ganze Ensembles von Nervenzellen, die über große Bereiche der Hirnrinde verteilt sein können und sich ad hoc aufgrund der vorhandenen Kopplungen zusammenschließen. Jede einzelne dieser Zellen würde dann nur Teilmerkmale eines bestimmten kognitiven Objektes repräsentieren. In ihrer Gesamtheit aber wären die Antworten der

Zellen, die sich an einem Ensemble beteiligen, die nicht weiter reduzierbare Beschreibung eines bestimmten Inhaltes. Der große Vorteil dieser Repräsentationsstrategie ist natürlich, daß die gleiche Nervenzelle zu verschiedenen Zeitpunkten benutzt werden kann, um ganz verschiedene Inhalte mit zu repräsentieren, indem sie einfach in verschiedene Ensembles eingebunden wird. Eine Zelle, die auf vertikale Konturen anspricht, kann dann für die Kodierung aller Objekte benutzt werden, die vertikale Konturen enthalten usw. Dies löst jedoch noch nicht das Bindungsproblem. Im Gegenteil, es wirft ein weiteres auf. In der Regel sind sehr viele Nervenzellen gleichzeitig aktiv, und es muß für die nachfolgenden Verarbeitungsstrukturen geklärt werden, welche Zellen jeweils zu einem bestimmten Ensemble gehören und gemeinsam einen bestimmten Inhalt kodieren. Neuronen müssen also zwei Botschaften gleichzeitig vermitteln: Erstens, ob das Merkmal, welches sie repräsentieren, vorhanden ist, und und zweitens, ob und wenn ja, mit welchen anderen Neuronen sie im Augenblick zu einem Ensemble verbunden sind. Für die Lösung dieses Bindungsproblems wurden verschiedene Mechanismen vorgeschlagen.

Wir favorisieren aufgrund experimenteller Hinweise die Hypothese, daß Neuronen in der Hirnrinde, die sich mit der Repräsentation des gleichen Objekts befassen, sich dadurch als zusammengehörig zu erkennen geben, daß sie ihre Aktivität synchronisieren. Die Signatur eines Ensembles wäre demnach die zeitliche Kohärenz der Aktivität der jeweils teilhabenden Neuronen. Die zeitliche Auflösung, mit der diese Signatur definiert wird, liegt dabei im Bereich von Millisekunden. Entsprechend hoch ist die Taktfrequenz, mit der verschiedene Ensembles aufeinander folgen können. Experimentelle Befunde legen nahe, daß die Synchronisationsprozesse auf der Basis von Oszillationen im 40-Hz-Bereich erfolgen, also in einem Zeitraster von etwa 25 Millisekunden.[1]

1 Eine ausführliche Darstellung des Bindungsproblems, der zu seiner Analyse durchgeführten Untersuchungen und Hinweise auf Originalpublikationen finden sich in W. Singer und C. M. Gray, »Visual feature integration and the temporal correlation hypothesis«, in: *Annual Review Neuroscience* 18 (1995), S. 555-586 und in: W. Singer, »Neuronal synchrony: A versatile code for the definition of relations?«, in: *Neuron* 24 (1999), S. 49-65, sowie ders., »Das Bild im Kopf – ein Paradigmenwechsel«, in: D. Ganten (Hg.), *Gene, Neurone, Qubits & Co. Unsere Welten der Information*, Gesellschaft Deutscher Naturforscher und Ärzte, Stuttgart/Heidelberg 1999, S. 267-278.

Von Repräsentationen zum Bewußtsein

Es ist dies nicht der geeignete Ort, der faszinierenden Frage nach dem neuronalen Code von Objektrepräsentationen weiter nachzugehen. Statt dessen soll das eingangs von Du Bois-Reymond angesprochene Problem, sein berühmt gewordenes *Ignorabimus*, weiter hinterfragt und im Kontext der oben vorgestellten Fakten diskutiert werden. Wie kommt es, daß wir nicht nur das in unserem Gehirn repräsentieren können, was in der Umwelt vorhanden ist, sondern daß wir uns dessen auch bewußt sein können, daß wir uns gewahr sind, Wahrnehmungen und Empfindungen zu haben, ein Phänomen, das die Angelsachsen als *phenomenal awareness* ansprechen.

Diese Fähigkeit scheint zu erfordern, daß es im Gehirn kognitive Strukturen gibt, welche die Repräsentation des Draußen noch einmal reflektieren, noch einmal auf die gleiche Weise verarbeiten wie die peripheren Areale die sensorischen Signale aus der Umwelt und dem Körper. Die Funktion des »inneren Auges« könnte gedacht werden als Folge der Iteration, der wiederholten Anwendung auf sich selbst, der gleichen kognitiven Operationen, die den unreflektierten Primärrepräsentationen des Draußen zugrunde liegen.

Nun gibt es tatsächlich Hinweise, daß die in der Evolution später hinzugetretenen Hirnrindenareale ihre Eingangssignale nicht mehr direkt von den Sinnesorganen beziehen, sondern von den bereits vorhandenen stammesgeschichtlich älteren Arealen, die ihrerseits mit den Sinnesorganen verbunden sind. Die neuen Areale scheinen die Signale, die sie von den alten, von den primären Arealen bekommen, auf die gleiche Weise zu verarbeiten wie letztere die Signale, die sie von den Sinnesorganen erhalten. So ließen sich im Prinzip durch Iteration der immer gleichen Repräsentationsprozesse Metarepräsentationen aufbauen – Repräsentationen von Repräsentationen –, die hirninterne Prozesse abbilden anstatt die Welt draußen.

Solche Metarepräsentationen aufbauen zu können bringt Vorteile. Gehirne, die dies vermögen, können Reaktionen auf Reize zurückstellen und Handlungsentscheidungen abwägen, sie können interne Modelle aufbauen und den erwarteten Erfolg von Aktionen an diesen messen. Sie können mit den Inhalten der Metarepräsentationen spielen und prüfen, was die Konsequenzen bestimmter Reaktionen wären. Die Möglichkeit, Metarepräsentationen aufzubauen, befähigt zu umsichtigem Handeln und erlaubt damit, Gefahren präventiv aus dem Weg zu gehen. Letztlich kann in dieser Fähigkeit zum kombinatorischen Spiel mit gespeicherten Inhalten, zur Erzeugung neuer praediktiver Modelle, die Grundlage für Kreativität gesehen werden.

Wie bedeutend die Rolle dieser internen Mustererzeugung, dieser internen Modellbildung ist, läßt sich mit Hilfe nicht-invasiver bildgebender Verfahren, z. B. der funktionellen Kernspintomographie, demonstrieren. Mit diesen Techniken läßt sich am menschlichen Gehirn feststellen, welche Hirnrindenareale aktiv werden, wenn man sich etwas vorstellt. Ein robustes Ergebnis solcher Untersuchungen ist, daß eine Vielzahl von Arealen in gleicher Weise aktiv werden, unabhängig davon, ob z.B. visuelle Muster tatsächlich gesehen oder nur vorgestellt werden. Insbesondere die höheren Areale, also jene, denen die Erstellung von Metarepräsentationen obliegt, werden auch aktiv, wenn sich die Probanden bestimmte Inhalte nur vorstellen – und diese interne Aktivierung ist modalitätsspezifisch. Bei visuellen Vorstellungen werden visuelle Areale aktiv und beim stummen Sprechen die Sprachareale. Aber es gibt auch Areale, die nur bei der Vorstellung aktiv werden und nicht bei der Wahrnehmung realer Inhalte. Diesen Arealen fällt die Aufgabe zu, die Aktivität in den spezifischen Arealen zu orchestrieren, in denen die zur Vorstellung erforderlichen Repräsentationen gespeichert liegen. Schließlich fallen einige Areale auf, die tatsächlich nur bei der Wahrnehmung realer Inhalte aktiviert werden. Es sind dies die phylogenetisch alten, primären, sensorischen Areale, die ihre Eingangssignale vorwiegend von den Sinnesorganen beziehen.

Unter bestimmten pathologischen Bedingungen, z.B. bei Halluzinationen, werden intern generierte Aktivitätsmuster als von draußen kommend wahrgenommen. In solchen Fällen ändern sich dann die Verteilungsmuster der Hirnrindenaktivität. Anders als beim

Gesunden, der sich etwas vorstellt oder stumme Sprache spricht, werden bei halluzinierenden Patienten auch die primären Sinnesareale mit aktiviert. Bei akustischen Halluzinationen betrifft dies die primäre Hörrinde in der Heschelschen Querwindung der linken, sprachdominanten Hemisphäre. Jedesmal, wenn der halluzinierte Sprecher spricht, und die Patienten können das genau angeben, läßt sich eine Zunahme der Hirnaktivität messen. Die Aktivierung des primären sensorischen Areals erfolgt vermutlich über Rückkopplungsschleifen, die von höheren Hirnrindenarealen kommen. Wenn dieses primäre Areal in der sprachkompetenten Hemisphäre mit aktiviert wird, werden die selbsterzeugten Erregungsmuster offenbar so wahrgenommen, als kämen sie von draußen. Werden diese primären Areale nicht mit aktiviert, wie es bei Gesunden der Fall ist, wenn sie stumme Sprache sprechen, bleibt die Wahrnehmung des Gesprochenen als Selbsterzeugtes erhalten.

Diese Beispiele sollten deutlich machen, wie groß bei Wahrnehmungsprozessen der Anteil selbstgenerierter Aktivität sein kann. Es bestätigt dies auf eindrucksvolle Weise, was wahrnehmungsphysiologische Untersuchungen nahelegen: daß Wahrnehmung nicht als passive Abbildung von Wirklichkeit verstanden werden darf, sondern als das Ergebnis eines außerordentlich aktiven, konstruktivistischen Prozesses gesehen werden muß, bei dem das Gehirn die Initiative hat. Das Gehirn bildet ständig Hypothesen darüber, wie die Welt sein sollte, und vergleicht die Signale von den Sinnesorganen mit diesen Hypothesen. Finden sich die Voraussagen bestätigt, erfolgt die Wahrnehmung nach sehr kurzen Verarbeitungszeiten. Treffen sie nicht zu, muß das Gehirn seine Hypothesen korrigieren, was die Reaktionszeiten verlängert. In den meisten Fällen dürfte sich der Wahrnehmungsakt jedoch auf das Bestätigen bereits formulierter Hypothesen beschränken.

Somit erscheint, zumindest im Prinzip, nachvollziehbar, wie die Funktion des inneren Auges neuronal realisiert sein kann, wie das Sich-Gewahr-Werden seiner eigenen Wahrnehmungen und Empfindungen über die Etablierung von Metarepräsentationen erreicht werden kann, ohne daß es ontologischer Diskontinuitäten in der Evolution bedarf. Offenbar genügt es zum Aufbau von Metarepräsentationen, Areale hinzuzufügen, die auf hirninterne Prozesse genauso ›schauen‹ wie die bereits vorhandenen Areale auf die Peripherie.

Das Subjekt als kulturelles Konstrukt

Unbehandelt blieb bisher die wohl schwierigste der Fragen, die gegenwärtig im Grenzgebiet zwischen Neurobiologie und Philosophie verhandelt werden – die Frage, ob wir innerhalb neurobiologischer Beschreibungssysteme angeben können, wie unsere Selbstkonzepte entstehen, unser Ichbewußtsein und unsere Erfahrung, ein autonomes Agens zu sein, das frei ist zu entscheiden. Es geht um die Frage, ob es möglich ist, daß unser Ich, das wir als eine mentale Entität erleben, losgelöst von allen materiellen Bindungen etwas beschließen kann, das dann, um ausgeführt zu werden, in neuronale Aktivität übersetzt werden muß. Behandelt werden soll also die Frage nach unserem Selbstbewußtsein, nach unserer Erfahrung, ein autonomes, freies Ich zu sein. Das Problem ist dabei, daß auch die Erfahrung dieses Ich auf neuronalen Vorgängen beruhen muß. Dies bedeutet, daß Entscheidungen die Folge von neuronalen Prozessen sein müssen und nur deshalb auf nachfolgende Hirnzustände einwirken können, weil sie selbst auf neuronalen Erregungsmustern basieren.

Nach meinem Dafürhalten läßt sich diese Frage nicht mehr allein innerhalb neurobiologischer Beschreibungssysteme behandeln, da diese sich ausschließlich an der naturwissenschaftlichen Analyse einzelner Gehirne orientieren, siehe hierzu den Aufsatz von Singer (2000). Mir scheint hingegen, daß die Ich-Erfahrung bzw. die subjektiven Konnotationen von Bewußtsein kulturelle Konstrukte sind, soziale Zuschreibungen, die dem Dialog zwischen Gehirnen erwuchsen und deshalb aus der Betrachtung einzelner Gehirne nicht erklärbar sind. Die Hypothese, die ich diskutieren möchte, ist, daß die Erfahrung, ein autonomes, subjektives Ich zu sein, auf Konstrukten beruht, die im Laufe unserer kulturellen Evolution entwickelt wurden. Selbstkonzepte hätten dann den ontologischen Status einer sozialen Realität. In die Welt kamen diese wie die sie ermöglichenden Kulturen erst, nachdem die Evolution Gehirne hervorgebracht hatte, die besondere Eigenschaften aufwiesen: erstens, ein inneres Auge zu haben, also über die Möglichkeit zu verfügen, Protokoll zu führen über hirninterne Prozesse, diese in Metarepräsentationen zu fassen und deren Inhalt über Gestik, Mimik und Sprache anderen Gehirnen mitzuteilen; und, zweitens, die Fähigkeit, mentale Modelle von den Zuständen der je anderen Gehirne zu erstellen, eine ›theory of mind‹ aufzubauen, wie die Angelsachsen sagen. Diese Fähigkeit ist dem Menschen vorbehalten und fehlt dem Tier. Allenfalls Schimpansen haben eine wenn auch sehr begrenzte Möglichkeit, sich vorzustellen, was im anderen vorgeht, wenn er bestimmten Situationen ausgesetzt ist. Wir Menschen können dies in hervorragender Weise und sind deshalb in der Lage, in Dialoge einzutreten der Art »ich weiß, daß du weißt, wie ich fühle« oder »ich weiß, daß du weißt, daß ich weiß, wie du fühlst« usw. Interaktionen dieser Art führen also zu einer iterativen wechselseitigen Bespiegelung im je anderen. Diese Reflexion wiederum ist, wie ich glaube, die Voraussetzung dafür, daß der Individuationsprozeß einsetzen kann, daß die Erfahrung, ein Selbst zu sein, das autonom und frei agieren kann, überhaupt möglich wird. Die Erfahrbarkeit dieses Selbst muß natürlich wieder ihr Korrelat im einzelnen Gehirn haben. Das heißt, der Spiegelprozeß muß über Lernvorgänge zu einer Modifikation neuronaler Architekturen geführt haben, die das Haben eines Selbstkonzeptes ermöglichen.

Warum nun erscheint uns die Erfahrung

mit den subjektiven Konnotationen von Bewußtsein von so ganz anderer Art als die anderen Erfahrungen mit sozialen Realitäten? Ich vermute, daß dies eine entwicklungspsychologische Begründung hat. Der Dialog, der den Individuationsprozeß erst möglich macht, vollzieht sich bereits in der frühen Kindheit und erlaubt erste Ich-Identifikationen schon nach den ersten paar Lebensjahren. Dieser frühe Dialog zwischen Bezugsperson und Kind vermittelt diesem in sehr prägnanter und asymmetrischer Weise die Erfahrung, offenbar ein autonomes, frei agierendes, verantwortliches Selbst zu sein, hört es doch ohne Unterlaß: »tu nicht dies, sondern tu das, laß das, sonst –«, oder »mach das, andernfalls –!« Diese Hinweise sind in idealer Weise dazu angetan, dem Kind klarzumachen, daß es offensichtlich frei ist, zu entscheiden, was zu tun ist, und daß es für seine Entscheidung zur Verantwortung gezogen, belohnt oder bestraft werden kann. Wichtig für mein Argument ist nun, daß dieser frühe Lernprozeß in einer Phase sich ereignet, in der die Kinder noch kein episodisches Gedächtnis aufbauen können. Wir erinnern uns nicht an die ersten zwei bis drei Lebensjahre, weil in dieser frühen Entwicklungsphase die Hirnstrukturen noch nicht ausgebildet sind, die zum Aufbau eines episodischen Gedächtnisses erforderlich sind. Es geht dabei um das Vermögen, Erlebtes in raumzeitliche Bezüge einzubetten und den gesamten Kontext des Lernvorganges und nicht nur das Erlernte selbst zu erinnern. Zwar kann auch ohne episodisches Gedächtnis gelernt werden, es fehlt aber dann die kontextuelle Einbettung des Gelernten: Man weiß das Gelernte, spürt das Erfahrene, aber weiß nicht, woher das Wissen, woher die Erfahrung kommt. Was Kleinkinder wissen, wissen sie *an sich*. Fragt man sie, woher sie dies oder jenes wissen, dann werden sie sagen, dies sei halt so, selbst wenn ihnen das Abgefragte erst vor kurzem beigebracht wurde. Solch implizites Wissen tritt als nicht hinterfragbare Überzeugung in Erscheinung, ähnlich wie evolutionär erworbenes Wissen.

Diese frühkindliche Amnesie scheint mir dafür verantwortlich, daß die subjektiven Konnotationen von Bewußtsein für uns eine ganz andere Qualität haben als die Erfahrungen mit anderen sozialen Konstrukten. Vielleicht erleben wir diese Aspekte unseres Selbst deshalb auf so eigentümliche Weise als von ganz anderer Qualität, als aus Bekanntem nicht herleitbar, weil die Erfahrung, so zu sein, in einer Entwicklungsphase installiert worden ist, an die wir uns nicht erinnern können. Wir haben an den Verursachungsprozeß keine Erinnerung. Und deshalb erscheinen uns die subjektiven Aspekte von Bewußtsein als immer schon dagewesen, als von aller Gebundenheit losgelöst, als alles Materielle transzendierende Entitäten, die jeder Verursachung entzogen sind und jedem reduktionistischen Erklärungsansatz trotzen.

Aus neurobiologischer Sicht liegt somit der Schluß nahe, daß auch die höheren Konnotationen von Bewußtsein, die wir mit unseren Konzepten von Freiheit, Identität und Verantwortlichkeit verbinden, Produkt eines evolutionären Prozesses sind, der zunächst Gehirne hervorgebracht hat, die in der Lage waren, eine Theorie des Geistes zu erstellen und mentale Modelle der Befindlichkeit des je anderen zu entwerfen. Dies, zusammen mit der Herausbildung differenzierter Sprachen und der Ausbildung bestimmter sozialer Kompetenzen ermöglichte die Entwicklung von Kommunikationsprozessen, die schließlich zur Evolution menschlicher Kulturen führte und zur Emergenz der nur den Menschen eigenen subjektiven Aspekte von Bewußtsein. Wenn dem so ist, wenn also die subjektiven Konnotationen von Bewußtsein Zuschreibungen sind, die auf Dialogen zwischen sich wechselseitig spiegelnden Menschen gründen, dann ist zu erwarten, daß die Selbsterfahrung von Menschen kulturspezifische Unterschiede aufweist. Auch kann nicht ausgeschlossen werden, daß bestimmte Inhalte dieser Selbsterfahrung, beispielsweise die Überzeugung, frei entscheiden zu können, illusionäre Komponenten haben. Im Bezugssystem neurobiologischer Beschreibungen gibt es keinen Raum für objektive Freiheit, weil die je nächste Handlung, der je nächste Zustand des Gehirns immer determiniert wäre durch das je unmittelbar Vorausgegangene. Variationen wären allenfalls denkbar als Folge zufälliger Fluktuationen – und das ist gut so, denn ein ungebunden entscheidendes Gehirn nützte dem Überleben wenig. Innerhalb neurobiologischer Beschreibungssysteme wäre das, was wir als freie Entscheidung erfahren, nichts anderes als eine nachträgliche Begründung von Zustandsänderungen, die ohnehin erfolgt wären, deren tatsächliche Verursachungen für uns aber in der Regel nicht in ihrer Gesamtheit faßbar sind. Nur ein Bruchteil der im Gehirn ständig ablaufenden Prozesse ist für das innere Auge sichtbar und gelangt ins Bewußtsein. Unsere Handlungsbegründungen können folglich nur unvollständig sein und müssen a posteriori Erklärungen mit einschließen.

Hier also haben wir ein weiteres Beispiel dafür – die moderne Physik hält weitere bereit –, daß naturwissenschaftliche Erklärungsmodelle mit subjektiven Erfahrungen und auf Intuition beruhenden Überzeugungen in krassem Widerspruch stehen können. Die Rezeptionsgeschichte der heliozentrischen Kosmologielehre und der Darwinschen Evolutionstheorie legen nahe, daß sich schließlich die naturwissenschaftlichen Beschreibungen gegen Überzeugungen durchsetzen, die auf unmittelbarer Wirklichkeitserfahrung beruhen, und daß wir uns schließlich an die neuen Sichtweisen gewöhnen. Ob dies auch der Fall sein wird für Erkenntnisse, die unser Selbstverständnis noch nachhaltiger verändern als die vorangegangenen wissenschaftlichen Revolutionen, muß die Zukunft beantworten. Unaufschiebbar werden jedoch schon jetzt Überlegungen über die Beurteilung von Fehlverhalten, über unsere Zuschreibungen von Schuld und unsere Begründungen von Strafe.[2]

2 Aus Platzgründen können diese Fragen hier nicht weiter verfolgt werden. Ich habe hierzu jedoch in zwei Artikeln Stellung bezogen, die jüngst in der *Deutschen Zeitschrift für Philosophie* veröffentlicht wurden: W. Singer, »Selbsterfahrung und neurobiologische Fremdbeschreibung. Zwei konfliktträchtige Erkenntnisquellen«, in: *Deutsche Zeitschrift für Philosophie,* Heft 2/2004, S. 235-255, sowie ders., »Wann und warum erscheinen uns Entscheidungen als frei?«, in: *Deutsche Zeitschrift für Philosophie,* Heft 5/2005, S. 707-722.

Über den Autor:

Wolf Singer (geb. 1943) ist Direktor der Abteilung für Neurophysiologie am Max-Planck-Institut für Hirnforschung in Frankfurt am Main und Gründer des Frankfurt Institute for Advanced Studies (FIAS). Für sein Werk und sein gesellschaftliches Engagement erhielt er zahlreiche Auszeichnungen und Ehrungen, u.a. den Ernst Jung-Preis für Wissenschaft und Forschung, den Hessischen Kulturpreis, den Communicator-Preis der DFG, den Körber-Preis für die Europäische Wissenschaft sowie die Médaille de la Ville de Paris. Er ist Chevalier de la Légion d'Honneur und Mitglied auf Lebenszeit der päpstlichen Akademie der Wissenschaften in Rom.

Im Suhrkamp Verlag sind erschienen: *Der Beobachter im Gehirn. Essays zur Hirnforschung* (2002, stw 1571); *Ein neues Menschenbild? Gespräche über Hirnforschung* (2003, stw 1596).

›Geist und Gehirn‹ im Suhrkamp Verlag

François Ansermet/Pierre Magistretti. Die Individualität des Gehirns. Neurobiologie und Psychoanalyse. Übersetzt von Jürgen Schröder. 282 Seiten. Gebunden

Alexander Becker u. a. (Hg.). Gene, Meme und Gehirne. Geist und Gesellschaft als Natur. Eine Debatte. stw 1643. 330 Seiten

Olaf Breidbach. Die Materialisierung des Ichs. Zur Geschichte der Hirnforschung im 19. und 20. Jahrhundert. stw 1276. 476 Seiten

Christian Geyer (Hg.). Hirnforschung und Willensfreiheit. Zur Deutung der neuesten Experimente. es 2387. 296 Seiten

Eric R. Kandel. Psychiatrie, Psychoanalyse und die neue Biologie des Geistes. 341 Seiten. Gebunden

Benjamin Libet. Mind Time. Wie das Gehirn Bewusstsein produziert. Übersetzt von Jürgen Schröder. 298 Seiten. Gebunden

Detlev Linke. Hölderlin als Hirnforscher. Lebenskunst und Neuropsychologie. 176 Seiten. Gebunden

Gerhard Roth

- Aus Sicht des Gehirns. 216 Seiten. Kartoniert
- Fühlen, Denken, Handeln. Wie das Gehirn unser Verhalten steuert. 488 Seiten. Gebunden. Neue, vollständig überarbeitete Ausgabe. stw 1678. 608 Seiten.
- Das Gehirn und seine Wirklichkeit. Kognitive Neurobiologie und ihre philosophischen Konsequenzen. 345 Seiten. Gebunden. stw 1275. 384 Seiten

John R. Searle. Freiheit und Neurobiologie. Übersetzt von Jürgen Schröder. 91 Seiten. Kartoniert.

Wolf Singer

- Der Beobachter im Gehirn. Essays zur Hirnforschung. stw 1571. 240 Seiten
- Ein neues Menschenbild? Gespräche über Hirnforschung. stw 1596. 144 Seiten

Manfred Spitzer. Nervensachen. Geschichten vom Gehirn. st 3697. 380 Seiten

Dieter Sturma (Hg.). Philosophie und Neurowissenschaften. stw 1770. 266 Seiten